Häkeln
für Kinder

MASCHE FÜR MASCHE KREATIV

Verlag an der
ESTE

Sonderausgabe für den Verlag an der ESTE GmbH,
Buxtehude 2016

© Compact Verlag GmbH
Baierbrunner Straße 27, 81379 München

Alle Rechte vorbehalten. Nachdruck, auch auszugsweise,
nur mit ausdrücklicher Genehmigung des Verlages gestattet.
Alle Angaben wurden sorgfältig recherchiert, eine Garantie
bzw. Haftung kann jedoch nicht übernommen werden.

Text: Karolin Küntzel
Abbildungen: Karolin Küntzel unter Mitwirkung von Hendrik Janz
Redaktion: Dr. Verena Stindl
Produktion: Ute Hausleiter
Titelabbildungen: shutterstock.com/gabczi (u.), Karolin Küntzel (o. l., M.
und r.), shutterstock.com/Heike Rau (Hintergrund U1, U4 und innen)
Umschlaggestaltung: h3a GmbH, München
Gestaltung: h3a GmbH, München

ISBN 978-3-86865-311-3
381749838/1

Inhalt

Vorwort	**4**
Einführung	**6**
Material	8
Häkelgarne	8
Häkelnadeln und nützliches Zubehör	11
Grundtechniken Häkeln	13
Die Handhaltung	13
Den Anfang machen	15
Maschenarten	18
Häkeltechniken	21
Die Arbeit abschließen	27
Los geht's – Praxisteil	**28**
AUFNÄHER	30
NÜTZLICHES	39
ZUM ANZIEHEN	59
ZUM SPIELEN	70
Register	96

Vorwort

Ein Knäuel Garn und eine Häkelnadel – mehr braucht es meist nicht, um kleine alltagstaugliche Gegenstände, Kleidungsstücke oder Spielzeuge zu häkeln. Und sogar aus Garnresten lassen sich schöne Dinge herstellen! Zudem ist Häkeln ein günstiges Hobby, das überall ausgeübt werden kann: in der Pause auf dem Schulhof, nachmittags zusammen mit Freunden, beim Besuch der Oma oder auf Fahrten in den Urlaub, auf denen die Zeit sonst zu lang wird. Mit ein bisschen Übung entstehen im Handumdrehen kleine Kunstwerke zum Behalten oder Verschenken.

Die wichtigsten Maschen sind schnell gelernt, sodass sich Erfolgserlebnisse zügig einstellen. Anders als beim Stricken befindet sich auf der Häkelnadel auch immer nur die Masche, die gerade in Arbeit ist. Dadurch kann es nicht passieren, dass sich die Häkelarbeit aus Versehen in ihre Bestandteile auflöst. So gehen höchstens mal eine oder zwei Maschen verloren und die Arbeit kann problemlos fortgesetzt werden.

Welche Maschenarten es gibt und wie sie gearbeitet werden, wie ihr den Anfang macht und die Häkelei abschließt, erfahrt ihr im ersten Teil des Buches. Vielleicht habt ihr auch Lust, die Häkeltechniken direkt auszuprobieren und kleine Übungsstücke zu häkeln. Alle im Buch verwendeten Materialien und Maschenarten sind in diesem Abschnitt in Wort und Bild beschrieben.

Im Praxisteil findet ihr über 20 verschiedene Häkelprojekte. Das Spektrum reicht von kleinen Applikationen zum Aufnähen über Spielzeug und nützliche Alltagsgegenstände bis hin zu Bekleidung. Jedes Projekt ist Schritt für Schritt beschrieben und abgebildet, sodass ihr es leicht nacharbeiten könnt. Orientierung bietet euch dabei auch die Einteilung in die Schwierigkeitsgrade leicht, mittel und schwer. Beginnt mit einer einfachen Arbeit und tastet euch langsam an die schwierigeren Anleitungen heran. So werdet ihr schnell Erfolge erzielen.

Kribbelt es euch schon in den Fingern? Dann nichts wie los, eine Häkelnadel und Garn besorgen und die ersten Maschen probieren – viel Spaß dabei!

Vorwort

Einführung

Material

Häkelgarne

Grundsätzlich kann mit jedem Garn gehäkelt werden. Selbst Schnüre oder Bänder eignen sich für bestimmte Projekte. So kommt es letzten Endes nur auf den späteren Gebrauch des Häkelstücks an – der Rest ist Geschmackssache.

Wärmende Kleidungsstücke wie Mützen und Schals für den Winter arbeitet man am besten aus Wolle und Wollmischgarnen. Soll eine Kappe sommertauglich sein, eignet sich Baumwolle oder eine Mischung aus Baumwolle und Leinen besser. Applikationen, die beispielsweise auf Jeans aufgenäht mit in die Waschmaschinen wandern werden, fertigt man am besten aus Baumwollgarn, da es höhere Waschtemperaturen als Wolle verträgt, ohne einzulaufen. Die wichtigsten Garne und ihre Verwendung werden hier kurz vorgestellt.

Baumwollgarne

Die ersten Häkelerfahrungen werden in der Regel mit Baumwollgarn oder sogenanntem Schulgarn gemacht. Es ist strapazierfähig, kostengünstig, recht leicht zu verarbeiten und in vielen Ausführungen und Farben erhältlich. Oft ist es nicht einmal notwendig, ein Fachgeschäft aufzusuchen, um es zu kaufen. Viele Supermärkte und Drogerien haben ein kleines Sortiment mit den Grundfarben vorrätig und bieten auch die gängigen Nadelstärken an.

Einfarbige Baumwollgarne gibt es ebenso wie Multicolor-Garne, mit denen sich schöne Farbverläufe darstellen lassen. In diesem Buch sind die Jonglierbälle und das Einkaufsnetz mit solch einem mehrfarbigen Garn gehäkelt worden.

Die unter dem Namen Schulgarn oder Topflappengarn verkauften Baumwollgarne sind in der Regel etwas dicker als die üblicherweise angebotenen Garne. Oft ist die Stärke des Garns nicht gesondert auf der Banderole vermerkt. Einen Anhaltspunkt bietet jedoch die Nadelstärke, die zum Häkeln des Garns empfohlen wird. Für dünnere Garne ist meistens eine Nadel der Stärke 2–3 ausreichend, dickere Garne arbeitet man einfacher mit einer Häkelnadel in den Stärken 3,5–5. Auch die Lauflänge, die auf der Banderole vermerkt ist, gibt einen Hinweis auf die Garnstärke. Eine hohe Meterangabe spricht bei gleichem Gewicht für ein dünneres Garn.

Wolle und Wollgemische

Wolle ist im Gegensatz zur Baumwolle tierischen Ursprungs. Die durch die Schur vom Schaf gewonnene Wolle, Schurwolle, hat viele gute Eigenschaften. Sie wärmt, kann viel Feuchtigkeit speichern und hält dadurch lange trocken. Außerdem gibt sie Gerüche schnell wieder ab und nimmt wenig Schmutz an. Leider kratzt sie etwas. Das ist auch der Grund, warum sie häufig in Kombination mit anderen, synthetischen Garnen (Polyacryl, Polyester, Polyamid) angeboten wird. Sie sind glatt und sorgen für ein angenehmes Tragegefühl. Darüber hinaus lassen sie sich günstig und in beliebiger Menge herstellen. Bei beiden Garnarten lässt die Farbenvielfalt keine Wünsche offen.

Effektgarne

Sogenannte Effektgarne bestehen entweder aus verschiedenen Garnarten (beispielsweise mit eingearbeiteten Silberfäden) oder sie haben eine besondere Struktur. Sie können fransig sein, Knötchen haben oder innerhalb des Strangs verschiedene Stärken aufweisen. Sie sind schwerer zu verarbeiten als glatte Garne, weil sie nicht so gleichmäßig über die Nadel laufen. Damit der Effekt gut zur Geltung kommt, empfiehlt sich die Benutzung einer etwas größeren Häkelnadel, als auf der Banderole angegeben.

Die Banderole lesen

Jede Banderole, so nennt man den Papierstreifen, der sich am Wollknäuel befindet, enthält Informationen zur Verarbeitung und Behandlung der Wolle. Neben dem Garnnamen und der Firma, die das Garn produziert hat, ist vermerkt, um welche Wollart es sich handelt (Baumwolle, Schurwolle etc.). Die Farbe der Wolle wird mit einem Zahlencode verschlüsselt. Ihn bestimmt der Hersteller ebenso wie die Partienummer. Sie liefert Informationen über das sogenannte Farbbad, in dem die Wolle gefärbt wurde. Gleiche Partienummer steht dabei für gleiches Farbbad. Ist zwar der Farbcode zweier Wollknäuel identisch, die Partienummer weicht aber voneinander ab, kann es zu kleinen Farbunterschieden kommen. Deshalb ist es sinnvoll, bei größeren Häkelprojekten die Partienummer zu vergleichen und lieber ein Knäuel mehr einzuplanen. Fachgeschäfte nehmen unbenutzte Knäuel gegen Vorlage des Kaufbelegs auch meistens zurück. Am besten vorher einfach mal anfragen!

Außerdem ist auf der Banderole die Nadelstärke angegeben. In der Regel wird dabei nicht nur eine Stärke angegeben, sondern ein Nadelstärkenbereich, also etwa 2,5–3. Für welche Nadel man sich entscheidet, hängt davon ab, ob man eher locker oder fest häkeln möchte. Mit einer dünneren Nadel wird das Häkelstück fester als mit einer dickeren Nadel. Da die Festigkeit der Häkelarbeit auch von der individuellen Art zu häkeln abhängt, findet sich auf dem Papierstreifen auch eine Angabe zu einer Maschenprobe. Hier ist angegeben, wie viele Maschen in etwa angeschlagen und wie viele Reihen gehäkelt werden müssen, damit die fertige Arbeit die Maße zehn mal zehn Zentimeter misst. Nun häkelt man selbst ein Stück, das zehn mal zehn Zentimeter groß ist – wenn es aus mehr oder weniger Maschen besteht als auf der Banderole angegeben, wird eine kleinere oder größere Häkelnadel verwendet.

Der Garnverbrauch lässt sich anhand des Pulloversymbols (oder des Mützensymbols) annähernd bestimmen. Es gibt an, welche Menge Wolle nötig ist, um einen Pullover (oder eine Mütze) zu häkeln. Die Größe des Pullovers ist in der Zeichnung angegeben. Meistens ist es Kleidergröße 40. Die restlichen Hinweise auf der Banderole sind Pflege- und Waschangaben, wie 30-Grad-Wäsche, nicht bügeln oder nicht schleudern.

Material

Häkelnadeln und nützliches Zubehör

Häkelnadeln

Häkelnadeln gibt es in unterschiedlichen Größen, Farben und Materialien. Die darauf angegebene Größe ist der Durchmesser der Nadel in Millimetern. Kleine Zahlen stehen also für eine feine Nadel, große Zahlen für eine dicke Nadel. Ob man lieber mit einer Nadel aus Kunststoff, aus Metall oder aus Holz arbeitet, hängt von der persönlichen Vorliebe ab. Anfänger sollten aber darauf achten, dass sie die Häkelnadel gut und sicher in der Hand halten können, ohne dass sie rutscht. Das ist in der Regel bei Häkelnadeln aus Metall der Fall, die einen Griff aus Gummi haben.

Schere und Stopfnadel

Unverzichtbar beim Häkeln sind eine kleine Schere und eine Stopfnadel. Die Schere sollte scharf sein, damit sie den Faden sauber durchtrennt. So gelingt das Einfädeln des Fadens in die Öse der Stopfnadel leichter und der Faden spaltet sich nicht so schnell in seine Einzelfasern auf. Die Stopfnadel (oder Sticknadel) hat eine große Öse und eine abgerundete Spitze. Sie wird benutzt, um zum Schluss die Fäden zu vernähen.

Einführung

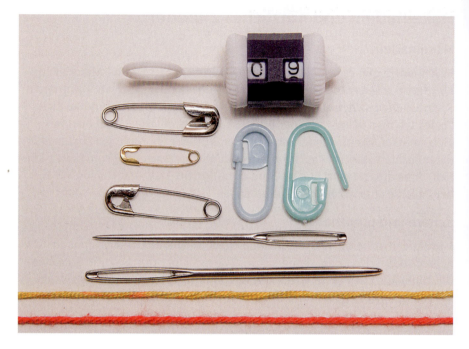

Maschenmarkierer, Sicherheitsnadeln und bunte Fäden

Maschenmarkierer sind nützlich, um den Beginn einer neuen Runde zu kennzeichnen. Dies ist insbesondere dann sinnvoll, wenn die Runden nicht mit einer Kettmasche geschlossen werden. Statt einem Maschenmarkierer kann man auch eine Sicherheitsnadel verwenden. Und wer weder das eine noch das andere Hilfsmittel zur Hand hat, kann auch auf einen Faden in einer Kontrastfarbe zurückgreifen und ihn an entsprechender Stelle in die Arbeit einlegen. Er wird solange mitgeführt, bis die geforderte Rundenzahl gehäkelt ist und anschließend nach oben aus dem Werkstück herausgezogen.

Rundenzähler

Einige Arbeiten in diesem Buch bestehen aus vielen Reihen oder Runden. Um nicht den Überblick zu verlieren, in welcher Reihe man gerade ist, eignet sich ein sogenannter Rundenzähler. In jeder neuen Runde wird seine Zahl um eine Position weitergedreht – so gibt er immer die aktuelle Runden- beziehungsweise Reihenzahl an. Wer sich nicht extra einen anschaffen möchte, kann auch auf die bewährte Strichliste zurückgreifen.

Füllwatte und andere Füllungen

Für manche Häkelstücke in diesem Buch wird Füllwatte benötigt. Sie verleiht den Häkelarbeiten das nötige Volumen. In kleinen Portionen wird sie in das Modell gestopft, bis die gewünschte Form erreicht ist. Manchmal empfiehlt sich als Hilfsmittel zum Stopfen eine Häkelnadel, damit die Füllung auch in die schmalen Hohlräume, etwa die Spitze der Eistüte, gelangt. Füllwatte ist im Bastelgeschäft erhältlich, man kann aber auch die Füllung alter Sofakissen verwenden. Füllwatte sollte waschbar sein.

Manchmal muss eine Füllung schwer sein, beispielsweise bei den Jonglierbällen. Dann ist die leichte Füllwatte nicht geeignet. Stattdessen kann man Sand, Kirschkerne, Linsen oder Reis verwenden. Sand und Kirschkerne sind unempfindlich gegen Nässe, Linsen und Reis quellen bei Feuchtigkeit auf, eignen sich also nicht für das Spiel auf der feuchten Wiese. Damit die Füllung nicht durch die Maschen rieselt, kann man sie in ein engmaschiges Säckchen füllen, bevor sie in die Häkelarbeit kommt. Gut geeignet sind dafür Stücke aus Nylonstrümpfen. Sie sind leicht, sehr feinmaschig und lassen sich gut verknoten.

Grundtechniken Häkeln

Die Handhaltung

Häkelnadeln lassen sich gleichermaßen gut von Rechts- wie von Linkshändern halten. Bei Rechtshändern liegen sie in der rechten Hand, bei Linkshändern links.

Entweder hält man sie wie einen Stift zwischen Daumen und Zeigefinger, während der Mittelfinger die Nadel stützt. Der Griff der Häkelnadel liegt bei dieser Variante auf der Hand auf.

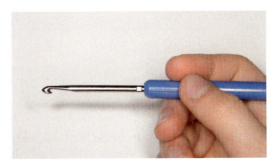

Bei der Messerhaltung greift die Hand von oben auf die Häkelnadel und umfasst sie mit allen Fingern. Der Griff der Nadel liegt im Handinneren.

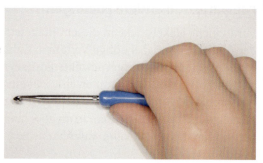

Für den Faden gilt: Er muss gleichmäßig gespannt sein und während des Arbeitens auch gleichmäßig gespannt bleiben. Das lässt sich auf unterschiedliche Art erzielen.

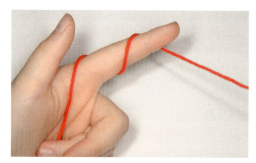

Entweder wird er in die Handinnenfläche gelegt, mit kleinem Finger und Ringfinger gesichert und dann zweimal um den Zeigefinger gewickelt.

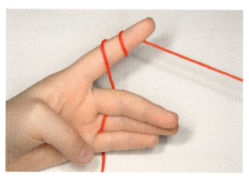

Eine andere Möglichkeit ist, den Faden auf der Handinnenseite vor und zurück durch die Finger laufen zu lassen, bevor er zweimal um den Zeigefinger gelegt wird.

Am besten probiert man beide Methoden aus und entscheidet dann, mit welcher man gut zurechtkommt.

Den Anfang machen

Die Anfangsschlinge

Fast jede Häkelarbeit beginnt mit einer Anfangsschlinge. Sie wird in ungefähr 15 Zentimetern Entfernung vom Fadenende gelegt. Der Faden wird dabei so zu einer Schlinge (einem Kreis) gelegt, dass das Arbeitsende unter dem Fadenkreis liegt. Von unten sticht man dann mit der Häkelnadel durch die Schlinge, holt den Arbeitsfaden und zieht ihn durch. Den Faden straffen und die Schlinge dicht an die Nadel ziehen.

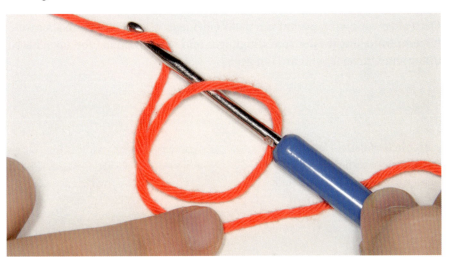

Die Luftmaschenkette

Häkelarbeiten, die in geraden Reihen gearbeitet werden, beginnen in der Regel mit einer Luftmaschenkette. Sie entsteht aus einer Anfangsschlinge. Die Nadel wird durch diese Schlinge von vorn um den gespannten Arbeitsfaden geführt, greift ihn mit dem Haken und zieht ihn durch die Anfangsschlinge.

Dieser Vorgang wird auch als „Umschlag machen" oder „Faden holen" bezeichnet. Die erste Luftmasche ist fertig. Alle weiteren Luftmaschen werden auf dieselbe Weise gehäkelt. Die Kette wird dabei mit Daumen und Mittelfinger auf Spannung gehalten.

Der Fadenring (auch Magischer Ring oder Magic Loop genannt)

Der Fadenring kommt zum Einsatz, wenn man eine runde Häkelarbeit beginnen möchte, bei der später die Mitte des Rings dicht geschlossen sein soll.

Der Faden wird wie gewohnt um den Zeigefinger gelegt, läuft dann aber weiter zum Mittelfinger oder zum Ringfinger und wird zweimal (von oben nach unten) im Uhrzeigersinn um ihn gelegt.

Anschließend sticht man von vorn nach hinten durch die beiden Fadenrunden, holt den Faden und zieht ihn unter diesen hindurch.

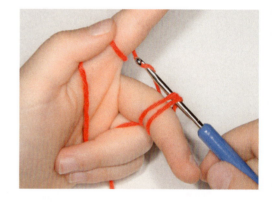

So erhält man die Anfangsschlinge.

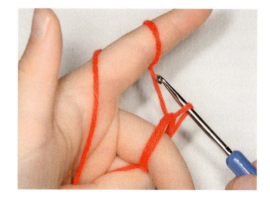

Grundtechniken Häkeln

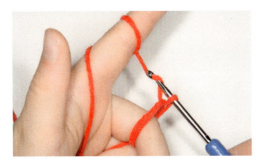

Mit der Nadel holt man den Faden erneut ...

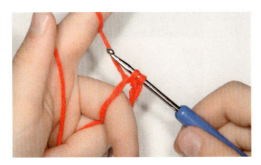

… und zieht ihn durch die Anfangsschlinge.

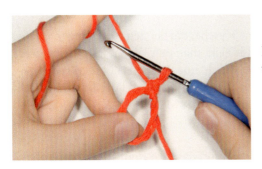

Nun kann der Ring vorsichtig vom Finger gezogen werden.

Alle anderen Maschen werden nun durch den Ring geholt. Dazu sticht man mit der Nadel durch die Mitte des Rings, holt den Faden und hat damit zwei Maschenbögen auf der Nadel. Für feste Maschen legt man einen weiteren Umschlag und zieht den Faden durch beide Maschenbögen. Damit ist die erste feste Masche im Fadenring. Alle weiteren Maschen häkelt man auf die gleiche Art. Sind alle Maschen in den Fadenring gehäkelt, zieht man am Anfangsfaden, bis sich das Loch in der Mitte schließt.

Maschenarten

Feste Maschen

Feste Maschen werden sehr häufig beim Häkeln verwendet, weil sie robust sind und ein dichtes Maschenbild ergeben.

Um eine feste Masche zu häkeln, sticht man entweder in eine Luftmasche oder in das obere Maschenglied einer anderen Masche ein.

Dann holt man den Faden, zieht ihn durch die Masche und hat damit zwei Maschenbögen auf der Nadel. Den Faden erneut holen und durch beide Schlaufen ziehen. Fertig ist die feste Masche.

Es gibt noch eine Variante der festen Masche, die bei den Anleitungen in diesem Buch zum Einsatz kommt: Dafür zieht man den Faden, wenn man zwei Schlaufen auf der Nadel hat, erst nur durch eine Schlaufe, holt den Faden erneut und zieht ihn dann durch beide Schlaufen. Diese Art der festen Masche ist ein wenig höher und ergibt ein sehr schönes Maschenbild.

Halbe Stäbchen

Halbe Stäbchen sehen ähnlich aus wie feste Maschen, sind aber etwas höher als diese.

Sie werden gehäkelt, indem man einen Umschlag auf der Nadel macht und dann erst in das Maschenglied der Vorreihe (oder der Luftmasche) einsticht und den Faden holt.

Grundtechniken Häkeln

Es liegen drei Schlaufen auf der Nadel. Dann holt man den Faden und zieht ihn nun durch alle drei Maschen auf einmal.

Stäbchen

Stäbchen sind höher als feste Maschen und ergeben ein lockeres Maschenbild. In Kombination mit anderen, weniger hohen Maschen lassen sich mit ihnen schöne Wellenmuster anfertigen. Ein Stäbchen beginnt mit einem Umschlag. Dann sticht man den oberen Maschenbogen (oder die Luftmasche) ein, holt den Faden und hat damit drei Schlaufen auf der Nadel. Anschließend holt man den Faden und zieht ihn durch die erste Schlaufe. Auf der Nadel liegen weiterhin drei Schlaufen. Noch einen Umschlag machen und den Faden durch zwei Schlaufen ziehen. Den Faden ein letztes Mal holen und durch die verbleibenden beiden Schlaufen ziehen. Das Stäbchen ist fertig.

Doppelstäbchen

Doppelstäbchen ähneln Stäbchen, werden aber zu Beginn mit zwei Umschlägen gehäkelt und sind deshalb noch höher. So geht es: den Faden zweimal um die Nadel legen, in den Maschenbogen einstechen und den Faden holen. Jetzt sind vier Schlingen auf der Häkelnadel. Wie zuvor wird ein Umschlag gelegt, aber diesmal wird der Faden durch die beiden ersten Maschen auf der Häkelnadel gezogen. Damit sind drei Schlingen auf der Nadel. Als Nächstes wieder einen Umschlag machen und erneut durch die beiden linken Schlaufen auf der Häkelnadel ziehen. Den Faden noch einmal holen und durch die zwei restlichen Schlingen auf der Häkelnadel ziehen. Fertig ist das doppelte Stäbchen.

Wende- bzw. Steigeluftmasche

Wende- oder Steigeluftmaschen werden wie Luftmaschen gehäkelt. Sie werden beim Häkeln in Reihen eingesetzt und sorgen dafür, dass am Reihenende die Höhe der nächsten Reihe erreicht wird. Ohne sie würde sich die Häkelarbeit an den Seiten zusammenziehen. Da eine feste Masche niedriger ist als ein Stäbchen, ist auch die Anzahl der Wendeluftmaschen unterschiedlich. Für feste Maschen reicht in der Regel eine Wendeluftmasche, für Stäbchen werden zwei bis drei benötigt. Die Anzahl der zu häkelnden Wendeluftmaschen ist in den Anleitungen angegeben.

Die Wendeluftmasche ersetzt, wenn nicht anders angegeben, die erste Masche der neuen Reihe. So wird sichergestellt, dass sich die Gesamtzahl der Maschen nicht mit jeder Wendeluftmasche erhöht. Am Ende jeder Reihe wird die letzte Masche dagegen auf die Wendeluftmasche gehäkelt, sonst würde sich die Gesamtmaschenzahl wiederum vermindern.

Kettmaschen

Kettmaschen sind die flachste Maschenart. Sie werden benutzt, um eine Reihe mit einer sauberen Kante abzuschließen. Beim Häkeln in Runden dienen sie als Anschlussmasche am Ende der Runde, außerdem kann man sie benutzen, um zwei Häkelstücke aneinanderzuhäkeln.

Sie wird wie folgt gehäkelt: mit der Nadel in eine (Luft-)Masche einstechen, den Faden holen und direkt durch die auf der Nadel liegende Schlinge ziehen.

Häkeltechniken

Neben der Maschenart gibt es einige wichtige Techniken, deren Erlernung die Voraussetzung dafür ist, dass aus einfachem Garn Figuren, Kleidungsstücke oder Spielzeug werden. Die Techniken, die für Arbeiten in diesem Buch verwendet wurden, sind im Folgenden erläutert.

Maschen zunehmen

Um in einer Häkelarbeit verschiedene Formen zu gestalten, kann man Maschen zunehmen. Dafür gibt es zwei Möglichkeiten: innerhalb der Reihe oder am Rand der Arbeit.

Um innerhalb der Reihe zuzunehmen, werden zwei Maschen (oder mehr) in eine Einstichstelle gehäkelt. Damit die Zunahme schön gleichmäßig und später nicht auf den ersten Blick erkennbar ist, werden die Maschen häufig in bestimmten Abständen verdoppelt, beispielsweise jede dritte Masche. Wo genau die Zunahme erfolgen soll, ist in der Anleitung angegeben.

Soll die Zunahme am Rand erfolgen, wird die bestehende Reihe um eine festgelegte Anzahl Luftmaschen erweitert, zuzüglich der Wendeluftmaschen. Nach dem Wenden der Arbeit häkelt man die neuen Maschen in die zuvor gefertigten Luftmaschen.

Maschen abnehmen

Auch das Abnehmen von Maschen kann innerhalb der Reihe oder am Rand erfolgen.

Innerhalb der Reihe lassen sich Maschen abnehmen, indem man eine oder mehrere Maschen überspringt. An dieser Stelle entsteht dann ein Loch, ein Effekt, der für manche Häkelarbeiten gewünscht ist.

Soll das Maschengewebe dagegen dicht bleiben, häkelt man zuerst die erste Masche bis auf den letzten Arbeitsschritt und belässt sie auf der Nadel, während man die zweite Masche ebenso weit häkelt. Erst dann werden die letzten Schlaufen zusammen abgemascht, indem der Faden durch alle Schlingen auf einmal gezogen wird.

Um Maschen am rechten Rand, also am Anfang einer Reihe, abzunehmen, häkelt man so viele Kettmaschen, bis die gewünschte Maschenzahl erreicht ist. Am Ende der Reihe, also am linken Rand der Häkelarbeit, ist die Abnahme noch einfacher. Dort lässt man einfach die Maschen übrig, die abgenommen werden sollen, häkelt die erforderlichen Wendeluftmaschen und wendet die Arbeit entsprechend früher.

Tiefer gestochene Maschen

Mit tiefer gestochenen Maschen lassen sich hübsche Effekte erzielen. Alle Maschenarten (Feste Maschen, Stäbchen etc.) können auf diese Art gefertigt werden. Sie entstehen, wenn nicht in eine Masche der Vorreihe eingestochen wird, sondern in eine tieferliegende Maschenreihe. Das kann die zweite, dritte oder eine noch tiefere Reihe unter der Arbeitsreihe sein. Dort sticht man mit der Häkelnadel ein, holt wie gewohnt den Faden, zieht ihn durch die tiefe Masche bis nach oben zur Maschenkante und mascht ihn dort ab. Die Schlinge des Fadens zieht sich dann auf beiden Seiten des Häkelstücks von der tiefen Masche bis an die Kante. Wichtig ist hierbei, dass der Faden locker geführt wird, damit sich die Häkelarbeit nicht zusammenzieht.

Einen Kreis häkeln

Kreise werden immer von innen nach außen gearbeitet. Sie können mit einer Luftmasche, einer Luftmaschenkette oder einem Magischen Ring begonnen werden. Sie werden entweder in Spiralen, das heißt fortlaufend, oder in Runden gehäkelt. Im zweiten Fall schließt man die Runde mit einer Kettmasche ab. Dann muss jede neue Runde ähnlich wie beim Häkeln in Reihen mit Wendeluftmaschen beginnen.

Kreise aus der Luftmasche: Zwei Luftmaschen häkeln. Mit der Nadel in die zweite Luftmasche (von der Nadel aus gesehen) einstechen, den Faden holen und eine feste Masche häkeln. Alle weiteren festen Maschen werden in dieselbe Luftmasche gehäkelt, dadurch bildet sich ein kleiner Maschenkreis. Die Runde wird mit einer Kettmasche geschlossen. Dazu sticht man mit der letzten Masche auf der Nadel in den Maschenbogen der ersten Masche ein, holt den Faden und zieht ihn durch beide Schlingen auf der Nadel.

Man beginnt mit zwei Luftmaschen, da die erste Luftmasche die Steigeluftmasche für die festen Maschen ist, die folgen. Sollen in der ersten Runde beispielsweise Stäbchen gehäkelt werden, beginnt der Kreis mit vier Luftmaschen: drei Steigeluftmaschen und eine, die den späteren Kreis bildet.

Kreise aus einer Luftmaschenkette: Zuerst die entsprechende Anzahl Luftmaschen anschlagen. Die Kette mit einer Kettmasche in die erste Luftmasche zu einem Ring schließen. Hierbei ist wichtig, dass sich die Luftmaschenkette nicht in sich verdreht.

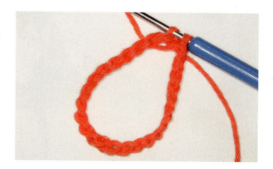

Grundtechniken Häkeln

Im Anschluss werden alle weiteren Maschen durch das Loch des Luftmaschenrings gearbeitet. Dazu von vorn nach hinten in den Ring stechen, den Faden holen und die Maschen dicht um den Ring herum häkeln. Die Runde mit einer Kettmasche schließen. Für die nächste Runde sticht man dann nicht mehr in den Ring, sondern in die Maschenbögen der Vorrunde.

Kreise mit dem Magischen Ring: Kreise, die mit einem Magischen Ring gebildet werden, lassen sich sehr dicht zusammenziehen, sodass später nur eine sehr kleine Öffnung in der Häkelarbeit zu sehen ist. Ein weiterer Vorteil ist, dass sehr viele Anfangsmaschen in den Ring gehäkelt werden können. Wie bei der Luftmaschenkette werden hier die Maschen um die Fäden herum gehäkelt, bevor der Ring durch Ziehen am Anfangsfaden geschlossen wird.

Rechtecke häkeln

Ein Rechteck zu häkeln, ist eine gute Übung für Anfänger. Grundlage ist immer eine Luftmaschenkette, in deren Maschenglieder die neuen Maschen gehäkelt werden. Ist man am Ende der Kette beziehungsweise der Reihe angekommen, häkelt man eine Wendeluftmasche (bei festen Maschen, bei höheren Maschenarten entsprechend mehr), wendet die Arbeit und häkelt auf der anderen Seite bis zum Anfang zurück. Wieder wird eine Wendeluftmasche gearbeitet, gewendet und die Arbeit auf der anderen Seite fortgesetzt. Das macht man so lange, bis die geforderte Reihenzahl erreicht ist.

Maschen in das vordere oder hintere Maschenglied

Sieht man von oben auf eine Masche, erkennt man, dass sie aus zwei Maschengliedern besteht. In der Regel wird gleichzeitig durch beide Maschenglieder gestochen. In einigen Fällen nutzt man für die Häkelarbeit nur eines der Maschenglieder, das vordere oder das hintere. Ist dies in der Anleitung angegeben, sticht man mit der Häkelnadel nur unter diesen einen Faden und holt dann wie gewohnt den Arbeitsfaden, um die neue Masche zu häkeln. Das Einstechen in nur ein Maschenglied erzeugt in der Häkelarbeit eine Struktur, die als schmaler Rand sichtbar wird.

Die Farbe wechseln

Mehrfarbige Häkelarbeiten lassen sich entweder mit einem mehrfarbigen Garn oder durch Wechseln der Farben herstellen. Bei rechteckigen Formen beziehungsweise bei der Arbeit in Reihen gilt grundsätzlich, dass der Farbwechsel bereits mit der letzten Masche in der alten Farbe beginnt. Häkelt man feste Maschen, holt man den Faden noch in der alten Farbe, bevor man die auf der Nadel liegenden Maschen mit der neuen Farbe abmascht. So wird bereits die Wendeluftmasche in der neuen Farbe gearbeitet. Beim Häkeln von Stäbchen ist es ganz ähnlich. Das letzte Stäbchen der Reihe wird so weit gehäkelt, bis nur noch zwei Schlingen auf der Nadel liegen. Sie werden mit der neuen Farbe abgemascht. Danach folgen drei Wendeluftmaschen, und weiter geht es auf der anderen Seite.

Grundtechniken Häkeln

Auch bei der Arbeit in Runden kann man eine neue Farbe einführen. Üblicherweise wird in diesem Fall die letzte Masche noch mit der alten Farbe gehäkelt. Um die Runde mit einer Kettmasche abzuschließen, sticht man mit der Nadel unter den Maschengliedern der nächsten Masche hindurch und zieht dann den Faden in der neuen Farbe hindurch. Für die neue Runde liegt dann der Faden schon in der neuen Farbe auf der Nadel.

Die Arbeit abschließen

Fäden vernähen

Sind alle Häkelteile fertiggestellt, müssen noch die Fäden vernäht werden. Das geht am besten mit einer stumpfen Stopf- oder Sticknadel. Die abgerundete Spitze sorgt dafür, dass die Nadel gut zwischen den Maschen hindurchgleitet, ohne die einzelnen Fasern des Garns voneinander zu trennen. Außerdem sticht man sich an ihnen nicht. Die Fäden werden mehrmals durch andere, gleichfarbige Maschen gezogen. Anschließend werden sie einfach abgeschnitten.

Eine andere Möglichkeit ist, die Fäden mit einer Häkelnadel mehrmals durch die Maschen zu ziehen, bis sie sich nicht mehr von allein herausziehen können, und sie dann abzuschneiden.

Einzelteile zusammennähen

Häkelarbeiten, die aus mehreren Teilen bestehen, legt man zum Vernähen so aufeinander, dass die Maschen übereinanderliegen und sich im Muster kein Versatz ergibt. Dann näht man sie entweder mit einem dünnen Nähgarn oder mit einem Häkelgarn zusammen.

Los geht's – Praxisteil

AUFNÄHER

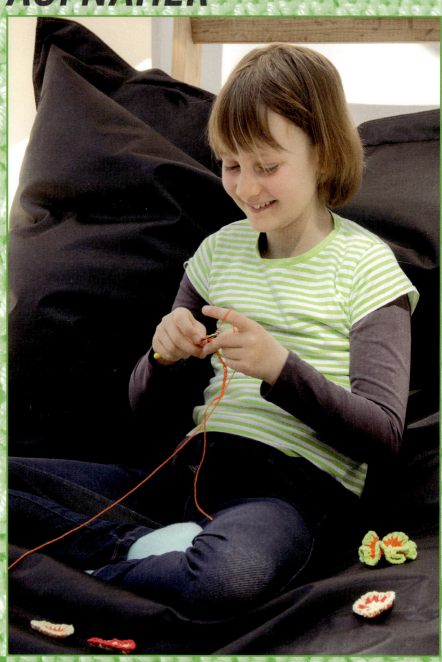

Aufnäher

Blume

Material:
- Baumwollgarn in Dunkelblau und Gelb
- Häkelnadel (Stärke 2,5–3)
- Stopfnadel

Schwierigkeitsgrad:
leicht

Und so geht's:

1. Nimm das dunkelblaue Garn zur Hand. Schlage vier Luftmaschen an und schließe sie mit einer Kettmasche zur Runde.

2. Häkle in den Luftmaschenring zehn feste Maschen.

Los geht's – Praxisteil

3. Wechsle für die Blütenblätter zum gelben Garn und häkle eine Luftmasche. Auf sie folgt eine feste Masche. Alle weiteren Maschen häkelst du in folgender Reihenfolge: eine Luftmasche, drei Stäbchen in eine Masche der Vorrunde, eine Luftmasche, eine feste Masche. Wiederhole diese Reihenfolge bis zum Ende der Runde und schließe sie dann mit einer Kettmasche ab.

4. Wechsle zum dunkelblauen Garn und umhäkle die Blütenblätter. Beginne mit einer festen Masche, die du tief in den Zwischenraum der Blütenblätter einstichst.

5. Es folgen drei feste Maschen in den oberen Rand der Blütenblätter und dann wieder eine tiefer gestochene feste Masche. Schließe die Runde mit einer Kettmasche, schneide den Faden ab und vernähe anschießend alle losen Fäden mit der Stopfnadel.

Stern

Material:
- Baumwollgarn in Rot
- Häkelnadel (Stärke 2,5–3)
- Stopfnadel

Schwierigkeitsgrad:
leicht

Und so geht's:

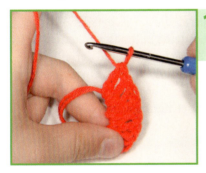

1. Nimm das rote Garn zur Hand und lege einen magischen Ring. In ihn häkelst du drei Luftmaschen (sie ersetzen das erste Stäbchen) und elf Stäbchen. Ziehe den Fadenring zusammen und schließe die Runde mit einer Kettmasche. Sie kommt in die dritte Luftmasche vom Beginn der Runde.

2. Nun häkelst du fünf Luftmaschen. Aus ihnen entsteht die Zacke des Sterns.

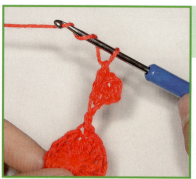

3. Überspringe die erste Luftmasche (von der Nadel aus gesehen) und häkle in die zweite Luftmasche eine feste Masche. In die nächsten Luftmaschen arbeitest du erst ein halbes Stäbchen und dann ein Stäbchen. In die letzte Luftmasche kommt ein Doppelstäbchen.

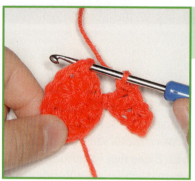

4. Nun musst du die Zacke am Sternenkörper befestigen. Dazu stichst du mit der Häkelnadel in das übernächste Stäbchen deines Sternenkreises ein. Das bedeutet, dass zwischen der Masche, an der deine Luftmaschenkette mit der Zacke beginnt, und derjenigen Masche, in die du nun einstichst, eine Masche frei bleibt. Befestige die Zacke mit einer Kettmasche.

5. Direkt im Anschluss an die Kettmasche häkelst du wieder fünf Luftmaschen. Wiederhole dann die Arbeitsschritte 3 und 4, bis dein Stern sechs Zacken hat. Befestige die letzte Zacke ebenfalls mit einer Kettmasche und vernähe die Fäden.

Aufnäher

Herz

Material:
- Baumwollgarn in Violett
- Häkelnadel (Stärke 2,5–3)
- Stopfnadel

Schwierigkeitsgrad:
mittel

Und so geht's:

1. Häkle zwei Luftmaschen. In die erste Luftmasche häkelst du fünf feste Maschen, eine Luftmasche und noch einmal fünf feste Maschen. Schließe die Arbeit mit einer Kettmasche zur Runde.

2. In der zweiten Runde häkelst du in die erste feste Masche neben der Kettmasche mehrere Maschen. Die Reihenfolge ist: ein halbes Stäbchen, ein Stäbchen, zwei doppelte Stäbchen.

3. In die nächste feste Masche arbeitest du drei doppelte Stäbchen. In die feste Masche daneben kommen zwei Stäbchen und in die danach ein Stäbchen.

4. Nun bist du an der Herzspitze angekommen, die durch die Luftmasche markiert wird. In sie häkelst du ein Stäbchen, ein doppeltes Stäbchen, eine Luftmasche, ein doppeltes Stäbchen und noch ein Stäbchen.

5. Damit bist du auf der zweiten Herzseite angekommen und häkelst diesmal die umgekehrte Reihenfolge in die festen Maschen. In die erste feste Masche kommt also ein Stäbchen, in die zweite feste Masche zwei Stäbchen. In die dritte feste Masche häkelst du drei doppelte Stäbchen und in die letzte feste Masche kommen zusammen zwei doppelte Stäbchen, ein Stäbchen und ein halbes Stäbchen. Schließe die Arbeit mit einer Kettmasche ab und vernähe die Fäden mit der Stopfnadel.

Aufnäher

Schmetterling

Material:
- Baumwollgarn in Grün, Weiß, Rosa und Blau
- Häkelnadel (Stärke 3–4)
- Stopfnadel

Schwierigkeitsgrad:
mittel

Und so geht's:

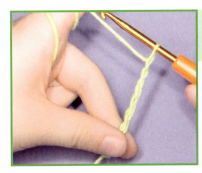

1. Häkle für den Schmetterlingskörper sieben Luftmaschen mit dem grünen Garn.

2. Überspringe eine Luftmasche und stich mit der Nadel in die zweite Luftmasche (von der Nadel aus gesehen). Häkle in sie und alle folgenden Luftmaschen je eine Kettmasche. Schneide den Faden am Ende großzügig ab. Er und der Anfangsfaden bilden später die Fühler des Schmetterlings.

Los geht's – Praxisteil

3. Jetzt sind die Flügel an der Reihe. Sie werden mit dem weißen Garn gearbeitet. Stich dazu mittig am Körper durch eine Masche und hole den Faden. In diese eine Masche häkelst du verschiedene Maschen, und zwar: eine Luftmasche, ein halbes Stäbchen, ein Stäbchen, ein Doppelstäbchen, ein Stäbchen, ein halbes Stäbchen und eine feste Masche. Schneide den Faden ab und ziehe ihn durch die letzte Masche.

4. Den Flügel auf der gegenüberliegenden Seite arbeitest du wie den ersten.

5. Knüpfe auf gleicher Höhe einen einfachen Knoten in die Fühler. Schneide die überstehenden Fäden ein kurzes Stück vor dem Knoten ab. Vernähe zum Schluss die Fäden der Flügel. Für die beiden anderen Schmetterlinge nimmst du das rosa und das blaue Garn für die Flügel.

NÜTZLICHES

Los geht's – Praxisteil

Eierwärmer

Material:
- Baumwollgarn in Lila und Hellgrün
- Häkelnadel (Stärke 2,5–3)
- Stopfnadel

Schwierigkeitsgrad:
leicht

Und so geht's:

1. Nimm das lila Garn zur Hand und lege einen Magischen Ring. Häkle zehn feste Maschen in den Ring und ziehe ihn anschließend zu einem flachen Kreis zusammen.

2. Verdoppele in der zweiten Runde die Maschen, indem du in jeden Maschenbogen zwei feste Maschen häkelst.

Nützliches

3. In der dritten Runde bleibt die Maschenzahl gleich: In jede Masche der Vorrunde kommt eine feste Masche. Erst in der vierten Runde nimmst du wieder zu. Diesmal häkelst du im Wechsel eine feste Masche und zwei feste Maschen in einen Maschenbogen. Du nimmst also jede zweite Masche zu. Von Runde fünf bis zwölf arbeitest du in jeden Maschenbogen der Vorrunde immer jeweils eine feste Masche. Markiere dir den Rundenanfang mit einem Maschenmarkierer oder einem andersfarbigen Faden.

4. Runde 13 ist bereits der Rand des Eierwärmers. Ihn häkelst du mit dem hellgrünen Garn in festen Maschen. Schneide den Faden ab, ziehe ihn durch die letzte Masche und vernähe ihn.

5. Den Zipfel des Eierwärmers häkelst du ebenfalls in Hellgrün. Schlage zehn Luftmaschen an und häkle dann auf jede Luftmasche eine Kettmasche. Schneide den Faden großzügig ab und benutze ihn, um den Zipfel an die Mütze zu nähen. Stecke ihn dazu durch die Mitte der kleinen Mütze und vernähe ihn auf der Innenseite des Eierwärmers.

Los geht's – Praxisteil

Mini-Blumenampeln

Material:
- Baumwollgarn in Pink
- Häkelnadel (Stärke 2,5–3)
- Einweg-Kunststoffbecher 2 cl
- Stopfnadel

Schwierigkeitsgrad:
leicht

Und so geht's:

1. Beginne mit dem pinkfarbenen Garn und häkle in einen Fadenring sechs feste Maschen. Ziehe den Fadenring zusammen. Es wird in Spiralen gehäkelt, das heißt, dass die einzelnen Runden nicht mit einer Kettmasche geschlossen werden. Markiere den Rundenanfang mit einem andersfarbigen Faden.

2. In der ersten Runde verdoppelst du die sechs Anfangsmaschen, indem du in jeden Maschenbogen der Vorrunde zwei feste Maschen häkelst. Damit besteht dein Kreis am Ende der Runde aus zwölf Maschen. In der dritten Runde verdoppelst du nur jede zweite Masche und kommst so auf insgesamt 18 Maschen. Damit ist der Boden deiner Blumenampel auch schon fertig.

Nützliches

3. Es geht direkt weiter mit dem oberen Teil der Blumenampel. Er wird vom Boden aus nach oben gehäkelt. Dazu stichst du in der fünften Runde nur in die hinteren Maschenglieder ein und häkelst in jede Masche der Vorrunde eine feste Masche.

4. Damit deine Häkelei später gut um den Plastikbecher passt, musst du in den folgenden Runden ein paar Maschen zunehmen. Verdopple in der sechsten Runde die erste feste Masche. Insgesamt sind es nun 19 Maschen. In der siebten und achten Runde bleibt die Maschenzahl gleich, dafür verdoppelst du in der neunten Runde jede sechste Masche. Am Ende der Runde sind es also 22 Maschen. Runde zehn und elf werden wieder ohne Zunahmen gehäkelt. Erst in Runde zwölf nimmst du wieder zu und verdoppelst jede elfte Masche. Insgesamt hast du nun 24 Maschen.

5. Häkle die 13. Runde wie gewohnt mit festen Maschen und ohne Maschen zuzunehmen. In Runde 14 häkelst du auf jede Masche eine Kettmasche. Danach folgt eine Luftmaschenkette: Häkle insgesamt 100 Luftmaschen für den Aufhänger. Schneide den Faden großzügig ab und ziehe ihn durch die letzte Masche. Nähe mit diesem Faden die Luftmaschenkette am gegenüberliegenden Becherrand fest.

Los geht's – Praxisteil

Einkaufsnetz

Material:
- Baumwollgarn Multicolor, Baumwollgarn Türkis
- Häkelnadel (Stärke 3–4,5)
- Stopfnadel

Schwierigkeitsgrad:
leicht

Und so geht's:

1. Beginne mit dem mehrfarbigen Garn und häkle sechs Luftmaschen. Schließe sie zum Ring.

2. In diesen Ring häkelst du im Anschluss elf feste Maschen und schließt sie mit einer Kettmasche zur Runde. Dies wird der Boden deines Einkaufsnetzes.

Nützliches

3. In der zweiten Runde verdoppelst du die elf Anfangsmaschen, indem du in jede Masche zwei feste Maschen häkelst. Schließe die Runde mit einer Kettmasche. Die dritte Runde beginnt mit einer festen Masche und zwei Luftmaschen. Wiederhole diesen Arbeitsschritt (eine feste Masche, zwei Luftmaschen) bis zum Ende der Runde, die du wieder mit einer Kettmasche schließt. So entstehen 22 kleine Bögen aus Luftmaschen.

4. In der vierten Runde vergrößerst du die Maschenbögen. Dafür häkelst du immer abwechselnd vier Luftmaschen und eine feste Masche in den Luftmaschenbogen der Vorrunde. Das geht so: Stich mit der Nadel von vorn nach hinten durch das Loch, hole den Faden, ziehe ihn durch das Loch und häkle anschließend die Maschen wie gewohnt ab. Auch diese Runde beendest du mit einer Kettmasche.

5. In der fünften Runde vergrößerst du noch einmal die Maschenbögen. Häkle im Wechsel sechs Luftmaschen und eine feste Masche in den Maschenbogen der Vorrunde. Die Runde beendest du mit einer Kettmasche. Alle weiteren Runden arbeitest du dann mit acht Luftmaschen und einer festen Masche. Auf das Rundenende musst du nun nicht mehr achten, denn ab jetzt häkelst du in Spiralen und nicht in abgeschlossenen Runden.

6. Häkle auf diese Art weiter, bis das Netz die Größe hat, die du dir wünschst. Ziehe es immer wieder in Form, um die aktuelle Größe zu überprüfen. Ist die richtige Länge erreicht, geht es mit einem festen Rand weiter. Wechsle zum türkisfarbenen Garn und häkle in jeden Maschenbogen sechs feste Maschen. In der zweiten Runde häkelst du in jede Masche eine feste Masche.

7. In der dritten Runde des Rands häkelst du die Henkel wie folgt: eine feste Masche, 50 Luftmaschen, 25 Maschen der Vorrunde überspringen, 40 feste Maschen in die Maschenglieder der Vorrunde, noch einmal 50 Luftmaschen, 25 Maschen überspringen und feste Maschen in alle noch verbleibenden Maschenbögen der vorherigen Runde. Damit hat dein Einkaufsnetz zwei schmale, gegenüberliegende Henkel.

8. In den nächsten beiden Runden häkelst du in jede Masche, auch in die Luftmaschen der Henkel, jeweils eine feste Masche. Schneide den Faden ab, ziehe ihn durch die letzte Masche und vernähe anschließend alle losen Fäden.

Federmäppchen

Material:
- Baumwollgarn in Türkis, Blau meliert, Pink, Weiß
- Häkelnadel (Stärke 4–4,5)
- Reißverschluss in Türkis, 20 cm
- Stopfnadel

Schwierigkeitsgrad:
mittel

Und so geht's:

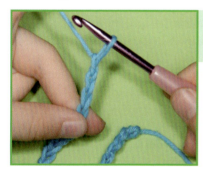

1. Das Federmäppchen besteht aus drei Einzelteilen. Zuerst häkelst du den Körper, der aus einem Rechteck besteht. Beginne mit dem türkisfarbenen Garn. Schlage 32 Luftmaschen an.

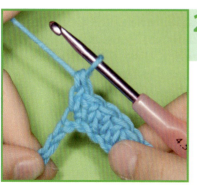

2. Häkle in jede Luftmasche eine feste Masche. Bist du am Ende der Reihe angekommen, häkelst du eine Wendeluftmasche. Wende die Arbeit und häkle auf der Rückseite zurück zum Anfang. Auch dort arbeitest du zum Schluss eine Wendeluftmasche. Häkle auf diese Art und Weise zwei weitere Reihen in Türkis, also insgesamt vier Reihen.

Los geht's – Praxisteil

3. In der fünften Reihe wechselst du die Farbe und häkelst mit Pink weiter. Wie zuvor häkelst du feste Maschen bis zum Ende der Reihe.

4. Die Wendeluftmasche am Ende der Reihe häkelst du bereits mit der nächsten Farbe Weiß. Wende die Arbeit und häkle die Reihe in der neuen Farbe zurück. Häkle die restlichen Reihen wie bisher. Die weitere Farbreihenfolge ist: eine Reihe blau meliert, eine Reihe weiß, zwei Reihen pink, eine Reihe weiß, vier Reihen blau meliert, eine Reihe pink, eine Reihe weiß, vier Reihen türkis. Schneide den Faden ab und ziehe ihn durch die letzte Masche. Vernähe anschließend alle Fäden mit der Stopfnadel.

5. Für das erste Seitenteil nimmst du das pinkfarbene Garn und legst einen Fadenring. Häkle sechs feste Maschen hinein und ziehe den Fadenring anschließend zusammen.

Nützliches

6. Verdoppele in der ersten Runde die Maschenzahl auf zwölf, indem du in jede Masche der Vorrunde zwei feste Maschen häkelst.

7. In der dritten Runde häkelst du im Wechsel eine Masche und zwei Maschen in einen Maschenbogen der Vorrunde. Ist die Runde fertig, häkelst du noch eine Kettmasche, schneidest den Faden ab und ziehst ihn durch die letzte Masche. Vernähe die Fäden.

8. Für das zweite Seitenteil nimmst du das blau melierte Garn. Häkle es wie das erste Seitenteil. Vernähe die Fäden. Nähe nun das Federmäppchen zusammen. Beginne mit einem Seitenteil und nähe daran eine Seite des Rechtecks. Dann nähst du das zweite Seitenteil an. Zum Schluss kommt der Reißverschluss an die Reihe. Du kannst ihn mit der Hand einnähen oder bittest einen Erwachsenen, diesen Arbeitsschritt für dich mit der Nähmaschine zu erledigen

Los geht's – Praxisteil

Körbchen

Material:
- Baumwollgarn in Gelb und Grün
- Häkelnadel (Stärke 4–4,5)
- Schmetterlings-Applikation (siehe Anleitung S. 37/38)
- Stopfnadel

Schwierigkeitsgrad:
mittel

Und so geht's:

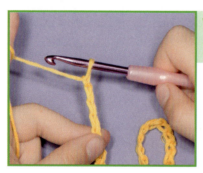

1. Beginne mit dem gelben Garn. Schlage 25 Luftmaschen und zusätzlich eine Wendeluftmasche an.

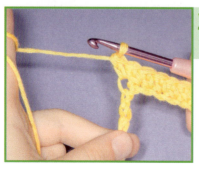

2. Stich in die vorletzte Luftmasche ein und häkle bis zum Ende der Kette feste Maschen. In jede Luftmasche kommt eine feste Masche. Am Ende der Reihe fertigst du eine Wendeluftmasche und häkelst auf der Rückseite die nächste Reihe mit festen Maschen. Häkle insgesamt 19 Reihen auf diese Art.

Nützliches

3. Das Rechteck, das du erhältst, bildet den Boden deines Körbchens. Ihn umhäkelst du nun mit festen Maschen. Dazu kommt wieder in jede Masche der Vorrunde eine feste Masche. Beginne mit der Reihe 20 wie bisher und häkle bis an den Rand des Rechtecks.

4. Um die Ecke zu fertigen, stichst du in die Wendeluftmasche der Vorrunde und häkelst anschließend an der Seite des Rechtecks weiter. Stich dazu immer in die Wendeluftmasche am Rand und häkle eine feste Masche hinein.

5. Häkle nun immer in Runden feste Maschen in die Maschenbögen der Vorrunde, bis das Körbchen insgesamt 16 Reihen hoch ist. Wechsle zum grünen Garn und setze die Arbeit für weitere fünf Runden fort.

6. Schneide den Faden ab und ziehe ihn durch die Masche.

7. Vernähe alle losen Fäden mit der Stopfnadel. Die gelben Fäden vernähst du auf der Innenseite des Körbchens, die grünen auf der Außenseite des Körbchens, da dieser Teil später wie ein Kragen nach außen umgeschlagen wird.

8. Verziere das Körbchen mit einer Schmetterlings-Applikation, die du auf der Außenseite annähst. Die Anleitung für den kleinen Schmetterling findest du auf S. 37/38.

Schlüsselanhänger

Material:
- Baumwollgarn in Rosa und Rot
- Häkelnadel (Stärke 2,5–3)
- 2 Strasssteinchen
- Stopfnadel
- Klebstoff (Schmuck- oder Alleskleber)
- Schlüsselring

Schwierigkeitsgrad:
mittel

Und so geht's:

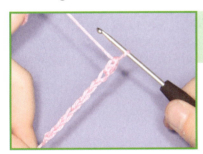

1. Beginne mit dem rosa Garn und häkle sieben Luftmaschen. Die siebte Masche ist dabei die Wendeluftmasche.

2. Stich in die zweite Luftmasche (von der Nadel aus gesehen) ein und häkle eine feste Masche. In die nächste Masche kommt ein Stäbchen und in die beiden folgenden Maschen jeweils ein doppeltes Stäbchen. Die nächste Masche wird wieder ein Stäbchen und in die letzte Luftmasche deiner Kette arbeitest du drei feste Maschen.

3. Nun geht es auf der Unterseite der Luftmaschenkette zurück an den Anfang. Diesmal häkelst du in umgekehrter Reihenfolge wie folgt: ein Stäbchen, zwei Doppelstäbchen, ein Stäbchen und in die letzte Masche zwei feste Maschen.

4. Mit dem rosa Garn häkelst du nun einmal um den Fischkörper herum. In jeden Maschenbogen kommen dabei zwei feste Maschen. Wieder am Anfang angekommen, wechselst du die Farbe. Nun ist Rot an der Reihe und du häkelst eine Runde lang je eine feste Masche in jeden Maschenbogen.

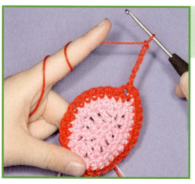

5. Für den Fischschwanz häkelst du sechs Luftmaschen. Die erste Luftmasche neben der Nadel ist wieder die Wendeluftmasche. Stich in die zweite Luftmasche neben der Nadel ein und häkle in jede Luftmasche eine feste Masche, bis du wieder am Körper angekommen bist. Sichere die kleine Flosse mit einer Kettmasche am Körper.

Nützliches

6. Für die zweite Flosse schlägst du wieder sechs Luftmaschen an, in die du fünf feste Maschen häkelst. Den Abschluss bildet auch hier eine Kettmasche, mit der du die Flosse am Körper fixierst. Schneide den Faden ab und ziehe ihn durch die Schlinge.

7. Vernähe alle Fäden – die roten in der Umrandung oder den Flossen, die rosafarbenen im Bereich des Fischkörpers. Klebe auf beide Seiten des Anhängers jeweils ein Strasssteinchen als Auge auf.

8. Befestige am Fischmaul einen kleinen Schlüsselring. In ihn kannst du später entweder einen größeren Schlüsselring einhängen oder direkt einen einzelnen Schlüssel daran festmaschen.

Los geht's – Praxisteil

Topflappen

Material:
- Baumwollgarn in Gelb und Weiß
- Häkelnadel (Stärke 2,5–3)
- Stopfnadel

Schwierigkeitsgrad:

schwer

Und so geht's:

1. Beginne mit dem gelben Garn für den Dotter. Häkle vier Luftmaschen und schließe sie mit einer Kettmasche in die erste Luftmasche zum Ring. Häkle eine Steigeluftmasche und im Anschluss sieben feste Maschen in den Ring. Schließe die Runde mit einer Kettmasche in die Steigeluftmasche ab.

2. Die zweite Runde startest du mit drei Luftmaschen. Es folgen zwei Stäbchen in die erste feste Masche und drei Stäbchen in jede weitere Masche. Schließe die Runde mit einer Kettmasche in die dritte Steigeluftmasche ab.

Nützliches

3. Die dritte Runde beginnst du wieder mit drei Luftmaschen. Dann folgen zwei Stäbchen. Anschließend häkelst du bis zum Ende der Runde im Wechsel ein Stäbchen und zwei Stäbchen auf jedes Stäbchen der Vorrunde. Schließe die Runde wieder mit einer Kettmasche in die dritte Luftmasche. Schneide den Faden ab und vernähe ihn. Häkle einen zweiten Dotter genauso wie den ersten.

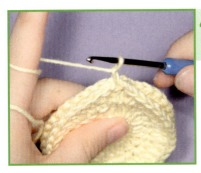

4. Runde vier: Lege beide Dotter mit den Rückseiten aneinander. Stich mit der Häkelnadel durch die Randmaschen beider Dotter und hole den Faden. Häkle eine Luftmasche und dann je eine feste Masche in die nächsten zwei Stäbchen beider Dotter. Dann geht es im Wechsel weiter: zwei feste Maschen in ein Stäbchen, je eine feste in die nächsten beiden Stäbchen. In das letzte Stäbchen kommen zwei feste Maschen, bevor du die Runde mit einer Kettmasche in die Luftmasche vom Anfang der Runde beendest.

5. Jetzt häkelst du das Eiweiß direkt an den Dotter. Nimm dafür das weiße Garn zur Hand, hole den Faden durch einen Maschenbogen und beginne wieder mit einer Luftmasche. Dann arbeitest du im Wechsel jeweils eine feste Masche in die nächsten fünf Maschen der Vorrunde. Die sechste Masche verdoppelst du: Es kommen also zwei feste Maschen in eine Masche der Vorrunde. Schließe die fünfte Runde wieder mit einer Kettmasche ab.

6. Auch die folgenden Runden beginnen mit einer Luftmasche und werden mit einer Kettmasche geschlossen. In Runde sechs verdoppelst du jede siebte Masche. In Runde sieben wird jede achte Masche verdoppelt, und in Runde acht jede neunte.

7. Auch die folgenden Runden (9–13) werden nach demselben Schema gearbeitet. Sie beginnen mit einer Luftmasche und enden mit einer Kettmasche. Die Rundenzahl gibt dir eine Orientierung, welche Masche verdoppelt werden muss: In Runde neun wird die zehnte Masche verdoppelt, in Runde zehn die elfte und so weiter.

8. Runde 14 beginnst du mit 16 Luftmaschen. Dies wird die Schlaufe. Dann kommt ein Schmuckrand aus einer Folge unterschiedlicher Maschen: zwei feste Maschen in eine Masche der Vorrunde, je eine feste Masche in die nächsten beiden Maschen, je ein halbes Stäbchen in die nächsten beiden Maschen, je ein Stäbchen in die nächsten beiden Maschen, je ein Doppelstäbchen in die nächsten beiden Maschen, je ein Stäbchen in die nächsten beiden Maschen, je ein halbes Stäbchen in die nächsten beiden Maschen, je eine feste Masche in die nächsten beiden Maschen. Wiederhole diese Reihenfolge achtmal bis zur Schlaufe. In sie häkelst du 20 feste Maschen und schließt die Arbeit mit einer Kettmasche ab. Schneide den Faden ab und vernähe ihn.

ZUM ANZIEHEN

Los geht's – Praxisteil

Gürtel

Material:
- Baumwollgarn in Schwarz, Grün und Blau
- Häkelnadel (Stärke 3,5)
- zwei Holzperlen als Gürtelverschluss (ca. 10 mm)
- Stopfnadel

Schwierigkeitsgrad:
leicht

Und so geht's:

1. Beginne mit dem schwarzen Garn. Häkle 150 Luftmaschen – am besten in Zehnerschritten, während du eine Strichliste führst.

2. Häkle in die vorletzte Luftmasche ein halbes Stäbchen. Setze die Reihe fort, indem du in jede Luftmasche ein halbes Stäbchen häkelst.

Zum Anziehen

3. Beginne die nächste Reihe mit dem grünen Garn. Wieder häkelst du halbe Stäbchen, und zwar in jede Masche der vorherigen Reihe eine.

4. Am Ende der Reihe angekommen, wendest du deine Arbeit und beginnst mit dem blauen Garn. Häkle die Reihe mit halben Stäbchen zurück.

5. Die letzte Reihe fertigst du wie gehabt mit halben Stäbchen an, diesmal wieder mit dem schwarzen Garn. Schneide dann den Faden ab und vernähe ihn, wie auch alle anderen Fäden, mit der Stopfnadel. Nähe auf einem Ende des Gürtels die beiden Holzperlen übereinander. Schließe den Gürtel, indem du einfach die Maschen des anderen Gürtelendes über die Perlen ziehst.

Mütze

Material:
- Baumwollgarn in Hellgrün
- Häkelnadel (Stärke 4–4,5)
- Stopfnadel
- Nach Lust und Laune: Buttons, Knöpfe, Perlen, Bommel

Schwierigkeitsgrad:
leicht

Und so geht's:

1. Beginne die Mütze mit einem Fadenring. In ihn häkelst du zehn feste Maschen. Ziehe den Ring mit dem losen Fadenende so weit zu, bis sich die Maschen zu einem Kreis geschlossen haben. Die einzelnen Runden werden nicht mit einer Kettmasche geschlossen.

2. In der nächsten Runde verdoppelst du die Maschenanzahl auf 20. Dazu häkelst du in jede Masche des Fadenrings zwei feste Maschen. Am Ende dieser Runde legst du einen Kontrastfaden ein, um den Rundenanfang zu markieren.

Zum Anziehen

3. Die dritte Runde beginnst du mit einer festen Masche, im nächsten Maschenbogen nimmst du eine Masche zu, dann folgt wieder eine feste Masche. Du häkelst die ganze Runde immer abwechselnd eine und dann zwei feste Maschen pro Maschenbogen. In der vierten Runde bleibt die Maschenzahl gleich. Das heißt, in jede Masche der Vorrunde häkelst du eine feste Masche.

4. In der fünften Runde verdoppelst du jede dritte Masche. In der sechsten Runde bleibt die Maschenzahl dann wieder gleich und du häkelst eine feste Masche in jede Masche der Vorrunde. Erst in Runde sieben nimmst du wieder zu. Diesmal verdoppelst du jede vierte Masche. Ab der achten Runde ändert sich an der Maschenzahl bis einschließlich Runde 20 nichts mehr.

5. Nach Runde 20 ist der kleine Schirm deiner Mütze an der Reihe. Für ihn häkelst du 20 feste Maschen und schließt die Reihe mit einer Kettmasche ab.

Los geht's – Praxisteil

6. Es folgt eine Wendeluftmasche. Anschließend geht es auf der Maschenrückseite mit den festen Maschen weiter. Nimm dabei in jeder zweiten Masche eine Masche zu. Wieder am Beginn des Mützenschirms angekommen, häkelst du eine Kettmasche, dann eine Wendeluftmasche und wendest deine Arbeit.

7. In der letzten Reihe bleibt die Maschenzahl wieder gleich. Häkle bis zum Ende des Mützenschirms. Die letzte Masche häkelst du in den nächstliegenden Maschenbogen aus der tieferliegenden Reihe 20. So bekommt der Schirm eine schöne Rundung.

8. Schneide den Faden ab und ziehe ihn durch die letzte Masche. Vernähe alle Fäden mit einer Stopfnadel. Wenn du möchtest, kannst du deine Mütze mit Knöpfen, Perlen, Buttons oder einem Bommel verzieren.

Zum Anziehen

Loop-Schal

Material:
- Baumwollgarn in Dunkelblau, Rot, Grün und Hellblau
- Häkelnadel (Stärke 4,5–5)
- Stopfnadel

Schwierigkeitsgrad:
mittel

Und so geht's:

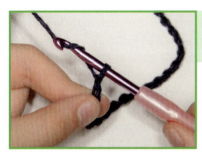

1. Beginne mit dem dunkelblauen Garn und häkle 240 Luftmaschen. Am besten zählst du in Zehnerschritten und führst dabei eine Strichliste. Schließe die Luftmaschenkette mit einer Kettmasche zum Ring. Achte dabei darauf, dass sich die Kette nicht in sich verdreht.

2. Der Loop-Schal wird mit Stäbchen und in Runden gehäkelt. Beginne die erste Runde mit drei Luftmaschen. In die übernächste Luftmasche häkelst du ein Stäbchen und gleich im Anschluss eine Luftmasche. Lass in der Luftmaschenkette die nächste Masche aus und arbeite in die nächsten beiden Luftmaschen jeweils ein Stäbchen. An das Zweite hängst du noch eine Luftmasche, bevor du die nächste Masche wieder auslässt.

Los geht's – Praxisteil

3. Häkle die ganze Runde in dieser Reihenfolge: ein Stäbchen, noch ein Stäbchen, eine Luftmasche, eine Masche auslassen. Schließe die Runde, indem du eine Kettmasche in die oberste der drei Luftmaschen vom Beginn der Runde machst. Nimm das rote Garn zur Hand und häkle vier Luftmaschen. Im Anschluss arbeitest du zwei Stäbchen in den Luftmaschenbogen (also dort, wo das Loch ist) der Vorrunde. An das zweite Stäbchen hängst du wie bisher noch eine Luftmasche an.

4. Auf diese Weise – zwei Stäbchen in das Loch zwischen den Stäbchen der Vorrunde, eine Luftmasche – häkelst du nun jede weitere Runde. Am Ende stehen immer nur ein Stäbchen und eine Kettmasche.
Für die dritte Runde wechselst du zum grünen Garn. Beginne wieder mit vier Luftmaschen und häkle dann wie gewohnt weiter. In der vierten Runde arbeitest du mit dem hellblauen Garn weiter.

5. Die fünfte Runde schließt du mit dem dunkelblauen Garn ab. Schneide den Faden ab und ziehe ihn durch die letzte Masche. Vernähe alle losen Fäden.

Zum Anziehen

Stulpen

Material:
- Wollmischgewebe (50 % Schurwolle, 50 % Polyacryl) in Dunkelblau und Hellblau
- Häkelnadel (Stärke 6–7)
- Stopfnadel

Schwierigkeitsgrad:
schwer

Und so geht's:

1. Beginne mit dem dunkelblauen Garn und häkle 25 Luftmaschen. Schließe sie mit einer Kettmasche zum Ring. Achte dabei darauf, dass sich die Luftmaschenkette nicht in sich verdreht.

2. Häkle zwei Luftmaschen und stich dann in die übernächste Luftmasche der Kette ein. Häkle eine feste Masche und eine Luftmasche und überspringe wieder die nächste Luftmasche. Häkle so bis zum Ende der Runde. Schließe sie mit einer Kettmasche ab. In Runde zwei und drei häkelst du in jeden Luftmaschenzwischenraum (das beim Überspringen entstandene Loch) eine feste Masche und eine Luftmasche. Starte Runde zwei mit einer Luftmasche, Runde drei mit zwei Luftmaschen. Schließe mit einer Kettmasche.

Los geht's – Praxisteil

3. In der vierten Runde häkelst du Stäbchen mit dem hellblauen Garn. Beginne mit drei Luftmaschen und häkle anschließend in jede feste Masche und in jeden Luftmaschenzwischenraum ein Stäbchen. Zwischen die festen Maschen der Vorrunde kommen also immer zwei Stäbchen. Schließe die Runde mit einer Kettmasche ab.

4. Die nächsten beiden Runden häkelst du wieder mit dem dunkelblauen Garn. Häkle zuerst drei Steigeluftmaschen und dann in jeden Maschenbogen der Vorrunde ein Stäbchen, sodass die Maschenzahl unverändert bleibt. Ab Runde fünf häkelst du nun in Runden, das heißt, die Runden werden nicht mehr mit einer Kettmasche geschlossen. Markiere deshalb den Rundenbeginn mit einem Maschenmarkierer oder einem bunten Faden.

5. In Runde sieben wechselst du wieder zum hellblauen Garn, häkelst diesmal aber feste Maschen in jeden Maschenbogen der Vorrunde.

Zum Anziehen

6. Runde acht wird wieder dunkelblau. Häkle nun wieder Stäbchen. In jeden Maschenbogen der Vorrunde kommt ein Stäbchen.

7. Ab Runde neun ist wieder Hellblau dran. Häkle insgesamt vier Runden Stäbchen, ohne Maschen zuzunehmen.

8. Den Abschluss der Stulpe häkelst du wie den Anfang mit dunkelblauem Garn und mit festen Maschen: Beginne Runde 13 mit zwei Luftmaschen, überspringe das nächste Stäbchen und arbeite eine feste Masche in den übernächsten Zwischenraum. Hänge an die feste Masche eine Luftmasche und überspringe wieder das nächste Stäbchen. Auf diese Weise häkelst du bis zum Rundenende. Schließe die Runden mit einer Kettmasche ab. In den nächsten beiden Runden (14–15) beginnst du mit einer Luftmasche und häkelst in jeden Zwischenraum eine feste Masche und eine Luftmasche. Schneide den Faden ab, ziehe ihn durch die letzte Masche und vernähe im Anschluss alle Fäden. Die zweite Stulpe arbeitest du wie die erste.

ZUM SPIELEN

Zum Spielen

Jonglierbälle

Material:
- Baumwollgarn Multicolor
- Häkelnadel (Stärke 2,5–3)
- drei Abschnitte einer Nylonstrumpfhose, ca. 15 cm lang
- Stopfnadel
- Sand

Schwierigkeitsgrad: leicht

Und so geht's:

1. Häkle vier Luftmaschen und schließe sie mit einer Kettmasche zum Ring. In den Ring arbeitest du sechs feste Maschen. Der Jonglierball wird in Spiralrunden gearbeitet und die einzelnen Runden werden nicht mit einer Kettmasche geschlossen. Damit du den Rundenanfang leicht findest, legst du am Rundenbeginn einen Kontrastfaden ein.

2. Verdopple die Maschen in der zweiten Runde, indem du in jeden Maschenbogen der Vorrunde zwei feste Maschen häkelst. Es sind nun insgesamt zwölf Maschen.

Los geht's – Praxisteil

3. In den nächsten Runden nimmst du zu, bis der Ball seinen größten Umfang erreicht hat. In Runde drei verdoppelst du dazu jede zweite Masche. Die erste Masche häkelst du ganz normal und in den nächsten Maschenbogen machst du zwei feste Maschen und so weiter bis ans Ende der Runde (= 18 Maschen). In Runde vier verdoppelst du jede dritte Masche (= 24 Maschen).

4. In Runde fünf verdoppelst du noch jede vierte Masche und hast damit den „Bauch" des Jonglierballs erreicht. Es sind nun insgesamt 30 Maschen und du nimmst in den folgenden Runden (sechs bis 15) nicht weiter zu.

5. Ab Runde 16 nimmst du Maschen ab und häkelst dazu zwei Maschen zusammen. In Runde 16 ist das die jeweils vierte und fünfte Masche. Das bedeutet, du häkelst die ganze Runde über drei Maschen wie gewohnt und nimmst die nächsten beiden zusammen. Das Gleiche machst du in Runde 17. Dort sind es die dritte und vierte Masche, die zusammengehäkelt werden. Insgesamt sind es noch 18 Maschen, wenn du mit der 17. Runde fertig bist.

Zum Spielen

6. Dann wird der Ball gefüllt. Dazu schneidest du von einer alten Nylonstrumpfhose ungefähr 15 Zentimeter ab. Verknote das eine Ende fest und stecke es in den Jonglierball. Fülle dieses „Säckchen" prall mit Sand und verknote anschließend auch das obere Strumpfende.

7. Häkle den Ball fertig, indem du immer im Wechsel eine Masche normal arbeitest und die nächsten beiden Maschen zusammenhäkelst. Stopfe den Strumpfzipfel in den Ball, bevor die Öffnung zu eng ist.

8. Schneide den Faden ab und ziehe ihn durch die letzte Schlinge. Ziehe ihn mit der Häkelnadel bei Bedarf auch noch durch die letzten Maschen, um die Öffnung komplett zu schließen. Arbeite den zweiten und dritten Ball genauso. Damit sie später gleich schwer sind, kannst du den ersten Ball wiegen und beim Befüllen der anderen Bälle so viel Sand einfüllen, bis dieses Gewicht erreicht ist.

Mäuse

Material:
- Baumwollgarn in Blaugrau und Rosa
- Häkelnadel (Stärke 2,5–3)
- Stopfnadel
- Füllwatte
- 2 kleine Perlen
- schwarzes Nähgarn

Schwierigkeitsgrad:
mittel

Und so geht's:

1. Den Mäusekörper häkelst du mit dem blaugrauen Garn. Häkle sechs Luftmaschen und schließe sie mit einer Kettmasche zum Ring. Als Nächstes häkelst du in den Ring sechs feste Maschen. Die Mäuse werden in Spiralen gehäkelt, du arbeitest also keine Kettmaschen.

2. Verdopple jede Masche. Dazu häkelst du in jede Masche der Vorrunde zwei feste Maschen. Am Ende der Runde sind es dann insgesamt zwölf Maschen.

Zum Spielen

3. Damit du den Rundenfang auch bei den nächsten Runden leicht findest, legst du vor der dritten Runde einen Faden in einer Kontrastfarbe ein. Häkle anschließend mit festen Maschen weiter und verdoppele jede zweite Masche (= 18 Maschen). In der vierten Runde verdoppelst du jede dritte Masche. Damit hast du am Ende der Runde 24 Maschen.

4. Die Runden fünf bis acht häkelst du ohne weitere Maschenzunahme mit festen Maschen. Dann beginnst du mit dem Abnehmen. In Runde neun häkelst du jede dritte und vierte Masche zusammen (= 18 Maschen). In Runde zehn sind es jede fünfte und sechste Masche (= 15 Maschen), in Runde elf jede vierte und fünfte Masche (= zwölf Maschen).

5. Entferne den Kontrastfaden. Stopfe den Körper fest mit Füllwatte aus und nimm in den folgenden Runden weiter ab. In Runde zwölf häkelst du jede dritte und vierte Masche zusammen (= neun Maschen), in Runde 13 jede zweite und dritte Masche (= sechs Maschen) und zum Schluss häkelst du jede der übrigen Maschen zusammen. Schneide den Faden ab und ziehe ihn durch die letzte Masche.

6. Für die Ohren häkelst du zwei Luftmaschen mit dem rosa Garn. Stich mit der Nadel in die zweite Luftmasche (von der Nadel aus gesehen) und häkle in sie sechs feste Maschen. Schneide den Faden ab und ziehe ihn durch die letzte Masche. Das erste Ohr ist damit schon fertig. Arbeite das zweite Ohr wie das erste.

7. Für das Schwänzchen schlägst du 13 Luftmaschen in Rosa an.

8. Stich in die zweite Luftmasche (von der Nadel aus gesehen) und häkle eine Kettmasche. Häkle auch in die restlichen Luftmaschen Kettmaschen. Schneide den Faden ab und ziehe ihn durch die letzte Schlaufe. Nähe das Schwänzchen und die Ohren an den Mäusekörper und vernähe alle restlichen Fäden. Mit Nähgarn befestigst du die beiden Perlen als Augen. Ziehe mit dem Nähgarn auch drei Fäden durch die Schnauze und verknote sie. Sie bilden die Schnurrhaare.

Zum Spielen

Küken

Material:
- Baumwollgarn in Lila und Hellgrün
- Häkelnadel (Stärke 3–4)
- 2 kleine Knöpfe
- Stopfnadel
- Füllwatte

Schwierigkeitsgrad:
mittel

Und so geht's:

1. Beginne mit dem lila Garn für den Kükenkörper. Schlage zwei Luftmaschen an und häkle sechs feste Maschen in die zweite Luftmasche (von der Nadel aus gesehen).

2. Für die Küken wird jede Runde mit einer Luftmasche begonnen und mit einer Kettmasche beendet. Du häkelst durchgehend feste Maschen. Von der zweiten bis zur sechsten Reihe verdoppelst du die Maschenanzahl wie folgt:
2. Runde: jede feste Masche verdoppeln (von sechs auf zwölf)
3. Runde: jede zweite Masche verdoppeln (= 18 Maschen)
4. Runde: jede dritte Masche verdoppeln (= 24 Maschen)
5. Runde: jede vierte Masche verdoppeln (= 30 Maschen)
6. Runde: jede fünfte Masche verdoppeln (= 36 Maschen).

Los geht's – Praxisteil

3. Von Runde sieben bis zwölf ändert sich die Maschenzahl nicht und du häkelst jede Runde mit 36 Maschen. Benutze einen Rundenzähler oder führe eine Strichliste, damit du beim Zählen der Runden nicht durcheinander kommst.

4. Von Reihe 13 bis 15 nimmst du ab, das heißt, du häkelst immer zwei Maschen zusammen. In Reihe 13 ist das jede achte und neunte Masche (= 32 Maschen), in Reihe 14 jede siebte und achte Masche (= 28 Maschen). In Reihe 15 häkelst du jede sechste und siebte Masche zusammen (= 24 Maschen). Die nächsten drei Runden (16–19) bleibt die Maschenzahl unverändert.

5. Zum Schluss musst du noch einmal abnehmen. In Reihe 20 häkelst du jede dritte und vierte Masche zusammen (= 18 Maschen), in Reihe 21 jede zweite und dritte Masche. Jetzt sind nur noch zwölf Maschen übrig. Stopfe die Form mit Füllwatte aus, bevor du in der letzten Runde immer zwei Maschen zusammenhäkelst. Ziehe den Faden zum Schluss durch alle verbliebenen Maschen, um den Körper zu schließen.

Zum Spielen

6. Für den Schnabel nimmst du das hellgrüne Garn. Schlage vier Luftmaschen an.

7. Überspringe die erste Luftmasche auf der Nadel und häkle in jede andere Luftmasche eine feste Masche. An die Unterseite der Luftmaschenkette häkelst du ebenfalls drei feste Maschen. Schließe die Maschen anschließend zur Runde – dadurch entsteht ein kleines Hütchen. Es besteht nun aus sechs Maschen.

8. Häkle zwei weitere Runden, ohne die Maschenzahl zu verändern. Schneide den Faden ab, ziehe ihn durch die letzte Masche und vernähe ihn. Vernähe auch die Fäden am Kükenkörper, bevor du den Schnabel an den Körper nähst. Drücke ihn dafür platt und befestige ihn mit dem offenen Ende am Küken. Nähe die zwei Knöpfe als Augen auf.

Los geht's – Praxisteil

Eule

Material:
- Baumwollgarn in Grau
- Häkelnadel (Stärke 2,5–3)
- 2 grüne Knöpfe
- Stopfnadel
- Füllwatte

Schwierigkeitsgrad:

mittel

Und so geht's:

1. Häkle vier Luftmaschen und schließe sie mit einer Kettmasche zum Ring. In den Ring häkelst du anschließend acht feste Maschen. Das ist deine erste Runde. Die Eule wird ab jetzt in Spiralrunden gearbeitet und die einzelnen Runden werden nicht mit einer Kettmasche geschlossen. Damit du den Rundenanfang leicht findest, legst du am Rundenbeginn einen Kontrastfaden ein.

2. In der zweiten Runde verdoppelst du die Maschen, indem du in jede Masche der Vorrunde zwei Maschen häkelst (= 16 Maschen). In der dritten Runde verdoppelst du jede zweite Masche und erhältst insgesamt 24 Maschen.

Zum Spielen

3. Die nächsten beiden Runden (vier und fünf) bleibt die Maschenzahl unverändert. Erst in Runde sechs nimmst du wieder zu. Diesmal häkelst du in jede vierte Masche der Vorrunde zwei feste Maschen (= 30 Maschen). In den Runden sieben bis zwölf bleibt es bei dieser Maschenzahl und du arbeitest immer eine feste Masche in die Masche der Vorrunde.

4. In Runde 13 überspringst du einfach jede fünfte Masche (= 24 Maschen) und in Runde 14 lässt du jede vierte Masche aus (= 18 Maschen). Damit ist der Körper der Eule fertig und der Kopf beginnt. Er wird nahtlos an den Körper gehäkelt.

5. Für den Kopf musst du wieder zunehmen. In Runde 15 häkelst du deshalb in jede dritte Masche zwei feste Maschen (= 24 Maschen). Diese Maschenzahl behältst du in den Runden 16 bis 22 bei. In jede Masche der Vorrunde häkelst du eine feste Masche.

Los geht's – Praxisteil

6. In Runde 24 überspringst du jede vierte Masche (= 18 Maschen). In der letzten Runde häkelst du drei feste Maschen, drei Stäbchen, sechs feste Maschen, drei Stäbchen, drei feste Maschen. Schneide den Faden ab und ziehe ihn durch die letzte Masche. Stopfe die Eule mit Füllwatte aus und nähe sie oben zu. Die Stäbchen bilden die Ohren.

7. Die Flügel der Eule beginnst du mit sechs Luftmaschen. Überspringe die erste Luftmasche (von der Nadel aus gesehen) und häkle in jede der nächsten vier Luftmaschen eine feste Masche. In die fünfte Luftmasche arbeitest du drei feste Maschen. Häkle anschließend auf der Unterseite der Luftmaschen weiter und arbeite noch einmal vier feste Maschen in die Luftmaschen.

8. In der zweiten Runde wechseln sich diese Maschen ab: drei feste Maschen, ein Stäbchen, zwei Stäbchen in eine Masche der Vorrunde, drei Stäbchen in eine Masche, zwei Stäbchen in eine Masche, ein Stäbchen, drei feste Maschen. Schließe die Runde mit einer Kettmasche ab. Häkle den zweiten Flügel genauso. Vernähe die Fäden. Nähe die Flügel (mit der spitzen Seite nach unten) auf beiden Seiten an den Eulenkörper. Die Knöpfe nähst du als Augen auf.

Spiegelei

Material:
- Baumwollgarn in Weiß und Gelb
- Häkelnadel (Stärke 2,5–3)
- Stopfnadel
- Füllwatte

Schwierigkeitsgrad:
mittel

Und so geht's:

Eiweiß

1. Für das Eiweiß benötigst du das weiße Baumwollgarn. Lege einen Fadenring und häkle zwölf feste Maschen hinein.

2. Ziehe den Fadenring anschließend zu. Ziehe nicht zu fest, denn sonst wird das Einstechen der Häkelnadel in der nächsten Runde etwas schwierig. Deine erste Runde ist damit fertig. Die einzelnen Runden (Eigelb und Eiweiß) werden nicht mit einer Kettmasche geschlossen. Markiere den Rundenanfang mit einem andersfarbigen Faden.

3. In der zweiten Runde verdoppelst du die Maschen. Dazu häkelst du in jede feste Masche der Vorrunde zwei feste Maschen. Aus ehemals zwölf Maschen sind nun 24 geworden.

4. In Runde drei und vier bleibt die Maschenzahl gleich. Häkle dazu in jede feste Masche der Vorrunde eine neue feste Masche.

5. Für den Abschluss des Eiweißes häkelst du in der fünften Runde verschiedene Maschenarten in Folge. Die Reihenfolge ist: zweimal eine feste Maschen in je eine Masche der Vorrunde, ein Doppelstäbchen, …

Zum Spielen

6. … viermal jeweils zwei Stäbchen in eine Masche (macht insgesamt acht Stäbchen), ein Doppelstäbchen. Damit hast du insgesamt acht Maschen der Vorrunde verwendet. Wiederhole diese Abfolge noch zweimal. Dann sind alle ehemals 24 Maschen überhäkelt. Schließe die Runde diesmal mit einer Kettmasche, schneide den Faden ab und ziehe ihn mit der Häkelnadel durch die letzte Masche. Vernähe ihn mit einer Stopfnadel.

Eigelb

7. Du beginnst wieder mit einem Fadenring. Diesmal nimmst du das gelbe Häkelgarn. Häkle neun feste Maschen hinein und ziehe den Ring anschließend zu.

8. Arbeite in jede Masche der Vorrunde zwei feste Maschen. Deine Maschenzahl hat sich damit von neun auf 18 verdoppelt.

9. In Runde drei und vier häkelst du in jede Masche der Vorrunde eine weitere feste Masche.

10. Schneide den Faden ab – allerdings nicht zu kurz, da du ihn später noch zum Annähen des Dotters benötigst! – und ziehe ihn durch die letzte Masche.

11. Nähe das Eigelb mit dem Endfaden auf dem Eiweiß fest. Währenddessen stopfst Du es mit ein wenig Füllwatte aus.

Zum Spielen

Erdbeeren

Material:
- Baumwollgarn in Rot und Grün
- Häkelnadel (Stärke 2,5–3)
- Stopfnadel
- Füllwatte

Schwierigkeitsgrad:
mittel

Und so geht's:

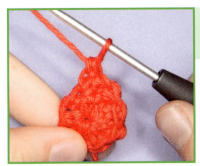

1. Lege mit dem roten Garn einen Fadenring. Häkle neun feste Maschen hinein und ziehe den Ring zu einem Kreis zusammen. Die Erdbeere wird in Spiralrunden gearbeitet und die einzelnen Runden werden nicht mit einer Kettmasche geschlossen. Damit du den Rundenanfang leicht findest, legst du am Rundenbeginn einen Kontrastfaden ein. In Runde zwei und drei häkelst du in jede Masche der Vorrunde eine feste Masche.

2. In der vierten Runde nimmst du zu. Dazu arbeitest du in jede Masche der Vorrunde zwei feste Maschen. Am Ende der Runde sind es damit 18 Maschen.

3. In den Runden sechs bis neun ändert sich die Maschenzahl nicht. Das heißt, du häkelst immer in jede Masche der Vorrunde eine feste Masche. Erst in Runde zehn nimmst du ab und halbierst die Maschenzahl. Häkle dazu immer zwei Maschen zusammen.

4. Jetzt sind es nur noch neun Maschen. Stopfe die Erdbeere fest mit Füllwatte aus.

5. Häkle die Runde elf mit gleichbleibender Maschenzahl (neun). In Runde zwölf häkelst du immer zwei Maschen zusammen. Schneide den Faden ab, ziehe ihn durch die letzte Masche. Falls nötig, kannst du ihn auch noch durch die Maschen der letzten Runde fädeln, um die Öffnung ganz zu schließen.

Zum Spielen

6. Für die Erdbeerblätter nimmst du das grüne Garn. Beginne wieder mit einem Fadenring und häkle sechs feste Maschen hinein. Ziehe den Ring zu einem flachen Kreis zusammen.

7. In der nächsten Runde häkelst du abwechselnd eine feste Masche in die erste feste Masche im Magischen Ring. Dann folgen drei Luftmaschen. Lass die ersten beiden Luftmaschen (von der Nadel aus gesehen) aus und häkle in die dritte Luftmasche eine feste Masche. Stich dann in die zweite feste Masche des Magischen Rings und wiederhole die eben beschriebenen Schritte. Schließe die Runde mit einer Kettmasche, schneide den Faden ab und ziehe ihn durch.

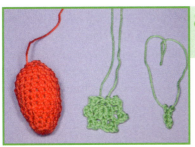

8. Jetzt braucht dein Blatt noch einen kleinen Stiel. Häkle für ihn vier Luftmaschen, überspringe die erste Luftmasche und häkle in die anderen drei Luftmaschen jeweils eine Kettmasche. Faden abschneiden und durchziehen. Nähe zum Schluss zuerst den Stiel an das Blatt und anschließend beides an die Erdbeere.

Los geht's – Praxisteil

Donuts

Material:
- Baumwollgarn in Gelb und Dunkelbraun
- Häkelnadel (Stärke 2,5–3)
- Füllwatte
- Rocailles
- Stopfnadel
- Nähnadel und Nähgarn

Schwierigkeitsgrad:
mittel

Und so geht's:

1. Häkle mit dem gelben Garn 35 Luftmaschen und schließe sie mit einer Kettmasche zum Ring. Achte darauf, dass sich die Luftmaschenkette beim Schließen nicht verdreht.

2. Beginne die erste Runde mit einer Luftmasche. Häkle dann auf jede Masche der Kette eine feste Masche in das hintere Maschenglied. Schließe die Runde mit einer Kettmasche. Runde zwei bis sieben arbeitest du genauso – achte darauf, dass du immer nur ins hintere Maschenglied einstichst. So erhältst du ein Streifenmuster.

Zum Spielen

3. In der achten Runde wechselst du zum dunkelbraunen Garn und häkelst in jede Masche der Vorrunde eine feste Masche – jetzt durch beide Maschenglieder.

4. Runde neun bis 17 häkelst du wie Runde acht. Schneide dann den Faden ab und ziehe ihn durch die letzte Masche. Deine Häkelarbeit sieht nun aus wie ein zweifarbiger Schlauch.

5. Nähe die dunkelbraune Seite an die gelbe. Lass eine kleine Öffnung, durch die du den Donut mit Füllwatte ausstopfst. Verschließe dann auch diesen Bereich mit der Stopfnadel und dem Häkelgarn. Nähe mit der Nähnadel auf die Schokoladenseite bunte Rocailles als Zuckerstreusel auf.

Los geht's – Praxisteil

Eiswaffel

Material:
- Baumwollgarn in Brombeere, Gelb, Braun und Grün
- Häkelnadel (Stärke 2,5–3)
- Füllwatte
- Stopfnadel

Schwierigkeitsgrad:
schwer

Und so geht's:

Eiskugel

1. Nimm das brombeerfarbene Garn und lege einen Fadenring. Häkle sechs feste Maschen hinein.

2. Ziehe den Fadenring zusammen. Gehäkelt wird nun in Spiralen – du schließt die Runden also nicht mit Kettmaschen, sondern markierst immer den Rundenanfang. Häkle in jeden Maschenbogen zwei feste Maschen. So verdoppelst du deine Maschenanzahl von sechs auf zwölf.

Zum Spielen

3. In der dritten Runde arbeitest du immer nur eine feste Masche in jeden Maschenbogen. In der vierten Runde verdoppelst du die Maschenzahl von zwölf auf 24. Häkle dazu in jeden Maschenbogen der Vorrunde zwei feste Maschen.

4. In den nächsten Runden (fünf bis neun) bleibt die Maschenzahl unverändert. Erst in Runde zehn ändert sich das, denn da nimmst du Maschen ab. Aus 24 Maschen werden 16. Dazu häkelst du im Wechsel immer eine feste Masche und häkelst die folgenden zwei festen Maschen zusammen ab. Wiederhole das bis zum Ende dieser Runde. In der letzten Runde bleibt die Maschenzahl wieder gleich und du arbeitest in jeden Maschenbogen eine feste Masche. Schneide den Faden ab und ziehe ihn durch die letzte Masche.

Eiswaffel

5. Auch die Eiswaffel beginnst du mit einem Fadenring. Nimm dafür das gelbe Garn und häkle fünf feste Maschen in den Ring. Ziehe den Fadenring zum Kreis zusammen.

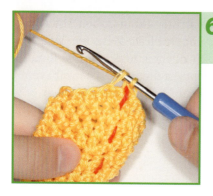

6. Die Waffel wird wie die Eiskugel in Spiralen gehäkelt. Du beginnst an der Spitze der Waffel und häkelst die Eistüte von unten nach oben. Dafür musst du Maschen zunehmen. Das machst du in jeder Runde (von Runde zwei bis Runde zwölf) gleich zu Beginn. Häkle immer auf die erste Masche der Runde zwei feste Maschen. In alle anderen Maschenbögen kommt nur eine feste Masche.

7. In Runde 13 verdoppelst du ebenfalls die erste Masche, während sich die Zahl der restlichen Maschen nicht verändert. In dieser Runde stichst du mit der Häkelnadel aber nicht in beide Maschenglieder ein, um den Faden zu holen, sondern nur in das hintere Maschenglied. Beende die Runde, schneide den Faden ab und ziehe ihn durch die letzte Masche auf der Nadel.

8. Nun ist der Rand der Eistüte an der Reihe. Stich dazu mit der Nadel in das vordere Maschenglied der zwölften Runde und hole einen neuen Faden durch.

Zum Spielen

9. Häkle in jedes Maschenglied zwei feste Maschen. Die Zahl der Maschen wächst damit von 18 auf 36.

10. Die letzte Runde häkelst du wie folgt: eine feste Masche, drei Stäbchen und wieder eine feste Masche. Wiederhole diese Reihenfolge bis zum Ende der Runde und schließe sie mit einer Kettmasche ab.

11. Schneide den Faden ab und vernähe alle Fäden. Stopfe die Eistüte und die Kugel fest mit Füllwatte aus und nähe zum Schluss die Eiskugel auf die Waffel.

Register

Anfangsschlinge	15		Häkeln in ein Maschenglied	26		Stäbchen	19
			Kreis häkeln	24 f.		Wende-/Steige-luftmaschen	20
Banderole	10		Rechteck häkeln	25		Maschenmarkierer	12
Baumwolle	8		Tiefergestochene Maschen	23		Material	8 f.
Blume	31 f.		Zunehmen	21 f.		Mäuse	74 ff.
Donuts	90 f.		Handhaltung	13 f.		Mini-Blumenampeln	42 f.
			Herz	35 f.		Mütze	62 f.
Effektgarne	9						
Eierwärmer	40 f.		**J**onglierbälle	71 ff.		**R**undenzähler	12
Einkaufsnetz	44 ff.						
Eiswaffel	92 ff.		**K**örbchen	50 ff.		**S**chlüsselanhänger	53 ff.
Erdbeeren	87 ff.		Küken	77 ff.		Schmetterling	37 f.
Eule	80 ff.					Spiegelei	83 ff.
			Loop-Schal	65 f.		Stern	33 f.
Fadenring	16 f.		Luftmaschen	15 f.		Stopfnadel	11
Federmäppchen	47 ff.					Stulpen	67 ff.
Füllwatte	13		**M**agic Loop	16 f.			
			Magischer Ring	16 f.		**T**opflappen	56 ff.
Gürtel	60 f.		Maschenarten	18 ff.			
			Doppelstäbchen	20		**V**ernähen	27
Häkelnadeln	11		Feste Maschen	18			
Häkeltechniken	21 ff.		Halbe Stäbchen	18 f.		**W**olle	9
Abnehmen	22		Kettmaschen	21			
Farbwechsel	26 f.					**Z**usammennähen	27

Danksagung

Mein Dank gilt Finja und Titus, ohne deren Hilfe dieses Buch nicht so schön geworden oder womöglich gar nicht entstanden wäre. Vielen Dank für eure Mithilfe und Geduld.